听故事游黄河

雨 兰_编著　　陈国锋　何小西_绘画

山东城市出版传媒集团·济南出版社

图书在版编目（CIP）数据

听故事游黄河 / 雨兰编著. -- 济南 ：济南出版社，
2023.1

ISBN 978-7-5488-5462-3

Ⅰ．①听… Ⅱ．①雨… Ⅲ．①黄河流域—文化史—青
少年读物 Ⅳ．①K292-49

中国版本图书馆CIP数据核字(2022)第235006号

听故事游黄河
TING GUSHI YOU HUANGHE

出 版 人：	田俊林
责任编辑：	李圣红　陶　静
	董慧慧　刘锦怡
审读专家：	刘　宁　宋守江
特约校对：	于乐静
编　著：	雨　兰
装帧设计：	陈国锋　曲永欣
绘　画：	陈国锋　何小西
配　音：	段兴杰
出版发行：	济南出版社
地　址：	济南市二环南路 1 号
邮　编：	250002
印　刷：	济南新先锋彩印有限公司
成品尺寸：	210mm×260mm　16 开
印　张：	7
字　数：	100 千
版　次：	2023 年 1 月第 1 版
印　次：	2023 年 3 月第 1 次印刷
书　号：	ISBN 978-7-5488-5462-3
定　价：	79.00 元

如有倒页、缺页、白页，请直接与出版社联系调换。
联系电话：0531-86131736

目录

青海   002

四川   012

甘肃   018

宁夏   030

内蒙古   038

陕西   048

山西   062

河南   072

山东   086

青海

大河之源

青海（简称"青"），因境内有中国最大的内陆咸水湖——青海湖而得名。青海东部有"天河锁钥""海藏咽喉"等称谓，地理位置相当重要呢。青海位于中国西北内陆，是长江、黄河、澜沧江的发源地。青海还是多民族聚居省份，有汉族、藏族、回族、蒙古族等。

神秘的摇篮

"黄河西来决昆仑，咆哮万里触龙门。"我在青藏高原巴颜喀拉山北麓的约古宗列盆地诞生，这时的我天真烂漫，眼神清澈，还是个小小婴孩。

黄河源

星宿海

星宿海不是海，而是数以百计大小不一的湖泊，这些星罗棋布的湖泊形态各异，在阳光的照耀下熠熠生辉，宛如夜空中闪烁的星星。星宿海给了我丰富的给养。

星宿海的故事

赤麻鸭

班玛红军沟革命遗址

"红军不怕远征难，万水千山只等闲。"1936年6月底，中国工农红军第二方面军和中国工农红军第四方面军2.5万余人进入青海，在班玛地区子木达沟休整期间，向群众宣传党的民族政策、政治主张和革命思想，当地群众就把子木达沟改名为"红军沟"。如今，红军沟革命遗址是青海省爱国主义教育基地，也是全国爱国主义教育示范基地。

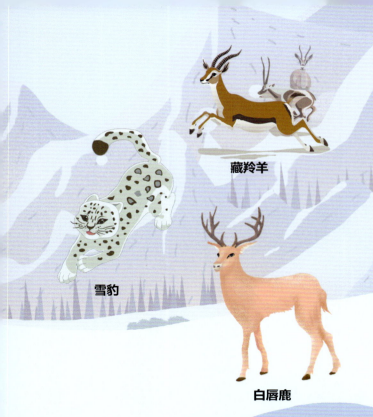

藏羚羊

雪豹

白唇鹿

青海省的珍稀动物有棕熊、雪豹、野牦牛、藏羚羊、白唇鹿、黑颈鹤、岩羊等。其中，藏羚羊是青藏高原上独有的珍稀动物，为国家一级保护动物。

唐卡

唐卡是藏语音译，是用彩缎装裱后悬挂供奉的宗教卷轴画。唐卡是藏族文化中一种独具特色的绘画艺术形式，内容多为佛经故事、天文、医学图像等，被称为藏族的"百科全书"，也是弥足珍贵的世界非物质文化遗产。

高原姊妹：扎陵湖和鄂陵湖

在青海玛多县境内，有两个高原淡水湖泊——扎陵湖和鄂陵湖，被称为"黄河源头的姊妹湖"。鄂陵湖湖水清澈，风和日丽时蓝天倒映，美不胜收。

我叫玛曲

流过星宿海，穿越扎陵湖和鄂陵湖，一路向前，在到达玛多县黄河沿镇之前，人们唤我为"玛曲"。"泰山不让土壤，故能成其大；河海不择细流，故能就其深"，我很快就会变成恣肆奔腾的黄河少年。

我叫黄河

出鄂陵湖北端后，我转向东南，玛多县是我流过的第一个县城。这时的我，已有40米宽，初步有了大河的模样，也有了一个正式的名字——黄河。

黄河为什么姓黄

青海"花儿"

"花儿"又称"少年"，是流传在甘肃、青海、宁夏等地区的一种民歌，有着浓郁的生活气息和乡土特色，是国家级非物质文化遗产。

青海不仅拥有壮美独特的自然风光，还有"红色基因"。中国工农红军西路军曾在这里浴血奋战，西宁市烈士陵园内建有中国工农红军西路军纪念馆。

青海尕面片

青稞与青稞酒

青稞是青藏高原最主要的粮食。用青稞酿制成的青稞酒，是青海藏族群众最喜欢喝的酒。据说，互助青稞酒的制作，使用的还是唐代文成公主远嫁吐蕃路过此地时留下的酿造工艺呢！

特色美食

青海特色美食主要有尕面片、酿皮儿、熬茶、手抓羊肉、烤串等。

黄河上的水电站

龙羊峡水电站

　　龙羊峡位于青海共和县境内，是我进入黄河峡谷的第一峡口。龙羊峡水电站是黄河上游第一座大型梯级电站。依托水电站发展起来的龙羊峡生态旅游度假景区已成为透视黄河文化的一扇窗口。

青海湖

　　青海湖，藏语名为"措温布"，意为"青色的海"，是中国内陆最大的咸水湖，是维系青藏高原东北部生态安全的重要水体。

文成公主庙

　　在玉树藏族自治州的贝纳沟，有一座文成公主庙，别名"加萨公主庙"，是一座融合唐代艺术风格和藏式平顶建筑特点的古建筑。相传，文成公主庙系唐代藏胞为纪念文成公主而建，已有 1300 多年历史，是唐蕃古道的重要文化遗存之一，已被列入国家级重点文物保护单位。

红景天

特色物产

　　青海省物产丰富，独具特色的物产主要有冬虫夏草、贝母、鹿茸、雪莲、红景天等，其中冬虫夏草是一种传统的名贵滋补中药材。

冬虫夏草

黄河少女塑像

"一碗黄河水半碗沙""跳进黄河也洗不清了"，这是几千年来我给人们留下的深刻印象。然而在贵德段，我可是清澈的。因为这时我所流经的区域多是草原，丰茂的植被起到过滤作用，再加上龙羊峡水库、李家峡水库的修建，以及沿途的植树造林，使我拥有了难得的清流。

塔尔寺

塔尔寺位于西宁市湟中区鲁沙尔镇，是中国藏传佛教格鲁派（黄教）六大寺院之一。全寺由许多独立的佛塔、殿宇、经堂、僧舍组成，是藏汉结合式建筑群。栩栩如生的酥油花、色彩绚烂的堆绣和绚丽多彩的壁画是塔尔寺的"艺术三绝"。

"黄河诗人"李白

　　我在巴颜喀拉山与阿尼玛卿山之间流向东南，流向"天府之国"四川。
　　我在四川省流经的距离最短，干流河道长 174 公里，流域面积 1.87 万平方公里，流经阿坝州阿坝、红原、若尔盖、松潘等 5 个县。白河和黑河为我输送了新鲜血液，让我壮大不少呢！

四川

天府之国

四川位于黄河上游，简称"川"或"蜀"，自古就有"天府之国"的美誉，是中国西南门户，也是大熊猫的故乡。这里为多民族聚居地，是唯一的羌族聚居区，最大的彝族聚居区，还是全国第二大藏族聚居区。

九寨沟诺日朗瀑布

美轮美奂的九寨沟

九寨沟位于阿坝藏族羌族自治州九寨沟县境内，因沟内坐落着九个藏族村寨而得名。在这里能感受到浓郁的藏族风情和大自然的旖旎风光。

九曲黄河第一弯

人说天下黄河九十九道弯，我究竟有多少道弯，没有人能数得清。但是，我的第一弯很快就要看到啦！

在四川若尔盖县唐克镇，我与白河汇合，形成九曲第一个大转弯。我弯弯曲曲，仿佛仙女的飘带缓缓舒卷开来。黄昏时分的我，用王勃的"落霞与孤鹜齐飞，秋水共长天一色"来形容，再妥帖不过了！

九曲黄河第一弯

巴西会议会址

巴西会议会址位于四川省若尔盖县巴西乡邓沟寨，会址所在地原名班佑寺，始建于清康熙十八年（1679），现仅存断垣残壁。

巴西会议是决定中国共产党和红军前途命运的一次关键会议。会议坚持了党中央北上的正确路线，谴责张国焘右倾逃跑主义行为，在中共党史上有着重要的历史地位。

我是大熊猫

珍稀动物

憨态可掬的大熊猫，不仅是中国的国宝，也深得全世界人民的喜爱。在四川，还有金丝猴、羚牛、绿尾虹雉、黑鹳、云豹、雪豹等国家一级重点保护动物。

四川是川菜的发祥地。川菜以善用麻辣著称，并以其别具一格的烹调方法和浓郁的地方风味成为中国四大菜系之一。

古人也喜欢吃火锅吗

川剧

川剧是中国戏曲宝库中的一颗璀璨明珠，早在唐代就有"蜀戏冠天下"的说法。川剧中，最让人赞叹的是变脸艺术。

红军长征途中的雪山和草地

中国工农红军爬雪山、过草地，历尽艰难险阻，最终到达陕北。红军翻越的雪山是夹金山，又叫大雪山，以雪景著称，在四川雅安市宝兴县境内。如今的大雪山原始森林茂密，雪峰晶莹，自然风光壮观。

红军长征途中过的草地主要在四川西北的若尔盖地区，这里是高原湿地，由于黑河和白河河道迂回曲折，汊河横生，地势低洼，水流淤滞而形成沼泽。如今的若尔盖草原风光旖旎，景色秀丽。

接下来，我要跨入的省份是甘肃。说到甘肃，你们会想到什么呢？一定会想到艺术宝库敦煌莫高窟，想到天下第一雄关——嘉峪关，还有酒泉卫星发射中心；想到王之涣的《凉州词》，想到李白的《关山月》，还有王维的《阳关三叠》。

甘肃

丝路明珠

甘肃位于黄河上游，简称"甘"或"陇"，取自甘州（今张掖）与肃州（今酒泉），是中华民族和中华文明的重要发祥地之一，也是中医药学的发源地之一。相传中华民族的人文始祖伏羲、女娲和黄帝诞生在甘肃，因此，甘肃有"河岳根源、羲轩桑梓"的美誉。甘肃是一个多民族聚居地区，有汉族、回族、东乡族、裕固族等民族。

甘肃的黄河九曲十八弯

我在甘肃境内浩浩荡荡奔涌 913 公里，将九曲十八弯的特质演绎得大气磅礴。

我两次进入甘肃境内，一次是从青海久治县流入甘肃玛曲县境内；另一次是从临夏回族自治州积石山县进入甘肃，从这里标志着我进入黄土高原。在甘肃，我将湟水、庄浪河、渭河、泾河等纳入怀抱。

特色美食

兰州牛肉面

说起甘肃最著名的美食，要数兰州牛肉面，肉烂汤鲜，面质精细，有一清（汤清）、二白（萝卜白）、三红（辣油红）、四绿（香菜绿）、五黄（面条黄亮）的特点。除了牛肉面，甘肃还有百花全鸡、浆水面、面皮子、糊锅等特色美食。

马家窑文化遗址

　　马家窑文化是黄河上游新石器时代晚期文化，因最早发现于马家窑遗址而得名，距今5000－4000年。马家窑文化遗址位于定西市临洮县洮河西岸的马家窑村麻峪沟口。1924年此地发掘了大量彩陶器皿。

彩陶器皿

黄河之都——兰州

　　兰州是我流经的第一个省会城市，被誉为"丝路明珠"，有一条长达50公里的滨河公园景观——百里黄河风景线。这里不仅有黄河母亲雕塑，还有"天下黄河第一桥"中山桥、金城故关、白塔山公园、兰州碑林等景观。在我的滋养下，兰州既有北国之雄，又蕴含了南国之秀。

黄河水车

黄河母亲雕塑

天下黄河第一桥

河口古镇

河口古镇地处兰州西固区黄河北岸，是古代黄河上游著名的四大渡口之一。早在汉魏时期，河口就是通往河西走廊、湟水流域的重要关卡，是古丝绸之路上通商贸易的重镇。

黄河石林

黄河石林位于白银市景泰县东南部，集险、峻、峭、奇、悬、高、危、大于一身。石林与黄河曲流山水相依，呈现出天然大园林的风韵。

玛曲——以黄河之名

我从玛曲县开始展现九曲十八弯的景观。"玛曲"是我的藏语名字，在甘肃境内我的首曲就在玛曲县，这个县是我整个流域唯一以"黄河"命名的县城。

定西市

定西市位于甘肃中部，通称"陇中"，是古丝绸之路重镇、新欧亚大陆桥的必经之地，有"甘肃咽喉，兰州门户"之称。

定西是中华文明的重要发祥地之一，不仅有新石器时代的马家窑、齐家、寺洼等文化遗址和秦长城遗址，还有新莽权衡、"哥舒翰记功碑"、明代铜钟等国家重点文物，以及风格独特的渭源灞陵桥、气势雄伟的陇西威远楼。

秦长城遗址

舌尖上的丝绸之路

天水市

天水市自古是丝绸之路必经之地和兵家必争之地。全市横跨长江、黄河两大流域，新欧亚大陆桥横贯全境。天水也是中国县制的初始地，天水市甘谷县有华夏第一县的美誉，著名三国人物姜维就诞生于此地。

姜维

敦煌莫高窟

敦煌飞天

敦煌莫高窟最早开凿于十六国时期，现有700多个洞窟、4万多平方米的壁画和2000多座彩塑，是世界上规模最大的佛教艺术圣地。飞天是它的名片，石窟艺术是它炫目的光芒。

嘉峪关

嘉峪关，人称"天下第一雄关"，位于嘉峪关市最狭窄的山谷中部。城关两侧的城墙横穿沙漠戈壁，北连黑山悬壁长城，南接天下第一墩——讨赖河墩，是明长城最西端的关口，历史上曾有"河西咽喉"之喻，"连陲锁钥"之称。

白银市

白银市历史悠久，境内流传着伏羲、女娲的传说，拥有大禹治水的遗迹，史前的彩陶和石器，见证民族纷争和交融的长城，丝绸之路上的渡口，还有红军三大主力胜利会师的圣地——会宁。

凉州词

（唐）王之涣

黄河远上白云间，一片孤城万仞山。
羌笛何须怨杨柳，春风不度玉门关。

玉门关

玉门关遗址位于河西走廊最西端，四面多是茫茫戈壁、荒漠和草甸。它以小方盘城遗址为中心，东起仓亭燧，西至显明燧，南至南三墩。

中国古代的关隘

酒泉卫星发射中心

酒泉卫星发射中心，又称"东风航天城"，是中国创建最早、规模最大的综合型导弹、卫星发射中心，也是我国目前唯一的载人航天发射场。神舟五号飞船、长征系列运载火箭，都在这里成功发射。

黄河三峡

黄河三峡由炳灵峡、刘家峡、盐锅峡组成。盐锅峡水电站是在我的干流上最早建成，以发电为主兼有灌溉作用的大型水利枢纽工程，被誉为"黄河上的第一颗明珠"。刘家峡水电站是中国首座百万千瓦级的水电站，不仅为中国西北地区提供了丰富的电力资源，还让兰州、包头等城市不再遭受特大洪水的侵袭，减除了宁夏和内蒙古约700公里河段解冻期的冰凌危害，真是益处多多呢！

我国古代最早的
书籍长什么样

积石峡

积石峡是黄河上游著名的峡谷，是青海与甘肃的分界线。传说大禹治水的起点就在这里。两岸悬崖峭壁如同刀劈斧削。

拉卜楞寺

拉卜楞寺位于甘肃省甘南藏族自治州夏河县大夏河岸边，是中国藏传佛教格鲁派（黄教）六大寺院之一，被誉为"世界藏学府"，有着极其严格的入学、教学、考试、毕业制度，目前保留有全国最好的藏传佛教教学体系。

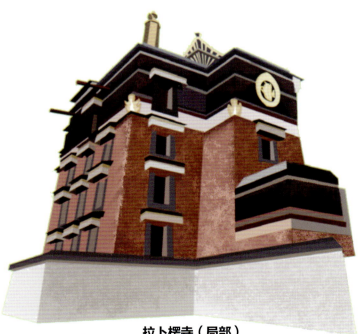

拉卜楞寺（局部）

炳灵寺石窟

炳灵寺石窟位于甘肃永靖县境内黄河北岸大寺沟的峭壁之上，始建于西晋初年，比莫高窟还要早 100 多年呢。它分上下四层，保存了众多壁画和石雕，堪称"中国石窟的百科全书"呢！

麦积山石窟

天水市有一座像高高的麦秸垛的山，人们叫它"麦积山"。麦积山并不高峻，却藏着中国四大石窟之一的麦积山石窟。石窟现存 194 个洞窟、7800 多件石雕和泥塑、1000 余平方米壁画，被誉为"东方雕塑馆"。

"水居丹霞"景观

在兰州市西部西固区，依河西耸的山峦逶迤绵延，天然蚀刻的裸露丹霞地貌呈现出迷人的风光。景区内有多处天然形成的水塘，芦苇荡夏绿秋黄，与丹霞地貌交相辉映，美不胜收，人称"水居丹霞"。

雷台汉墓

雷台为前凉国王张茂所筑的灵钧台，是古代祭祀雷神的地方，因台上建有雷祖观而得名。雷台汉墓为东汉晚期的大型砖石墓葬，出土的珍贵文物中工艺水平最高的是一匹铜奔马，别称马超龙雀、马踏飞燕，马后腿右足踩一飞鸟，其他三足腾空，长尾翘举，现已成为国家旅游标志。

马超龙雀

兰州羊皮筏子

在过去没有桥梁和船舶时，羊皮筏子就是我上游的主要摆渡工具和运输工具。皮筏常用羊皮或牛皮做成。小皮筏由十多只羊皮袋扎成，便于短途运输。牛皮筏一般由90个牛皮袋扎成，可载货四万斤。因此，皮筏又叫革船。

"九曲黄河十八弯，筏子起身闯河关。"羊皮筏子凝聚着黄河流域劳动人民的智慧，体现着劳动人民与黄河风浪搏击的精神，已成为一道具有鲜明黄河文化特色的风景线。

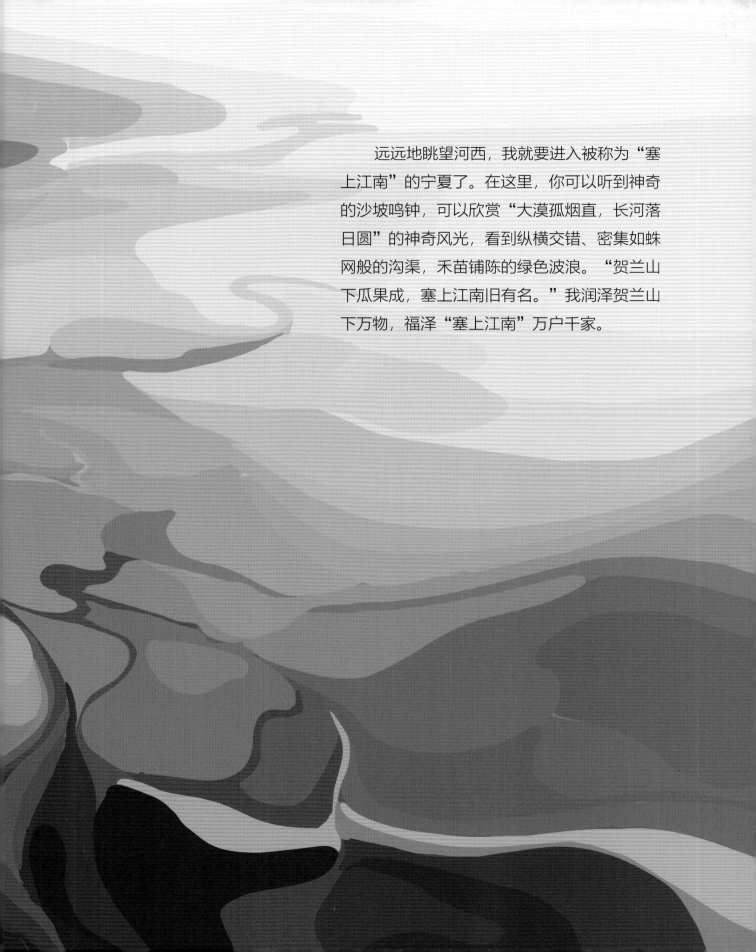

　　远远地眺望河西，我就要进入被称为"塞上江南"的宁夏了。在这里，你可以听到神奇的沙坡鸣钟，可以欣赏"大漠孤烟直，长河落日圆"的神奇风光，看到纵横交错、密集如蛛网般的沟渠，禾苗铺陈的绿色波浪。"贺兰山下瓜果成，塞上江南旧有名。"我润泽贺兰山下万物，福泽"塞上江南"万户千家。

宁夏

塞上江南

我自中卫市流入宁夏，向东北蜿蜒行进，沿途润泽中卫、中宁、青铜峡、吴忠、灵武、银川、石嘴山等市、县，有清水河、渝河、葫芦河等多条河流纳入我的怀抱，让我的流量越来越大。

宁夏回族自治区处于黄河上游地区，简称"宁"，是中国五个少数民族自治区之一，丝绸之路所经之地，东西部交通贸易的重要通道。因引黄灌溉，拥有古老悠久的黄河文明。党项族首领李元昊曾在此建立西夏王朝，形成西夏文化。

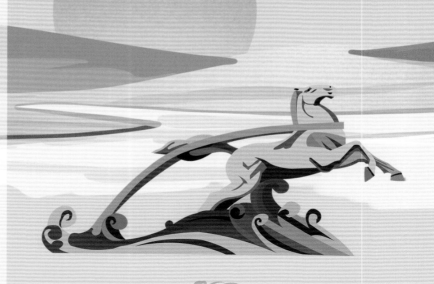

白马拉缰的传说

天下黄河富宁夏

宁夏地处西北内陆干旱地区，年降水量稀少，属于重度缺水区，我的存在让宁夏的灌溉系统特别发达。

汉武帝时期，为屯兵戍边，在中卫沙坡头成功筑堤引水，创造了引黄灌溉的辉煌历史，诞生了"白马拉缰"的神话传说，"塞上江南"的美誉由此得来。

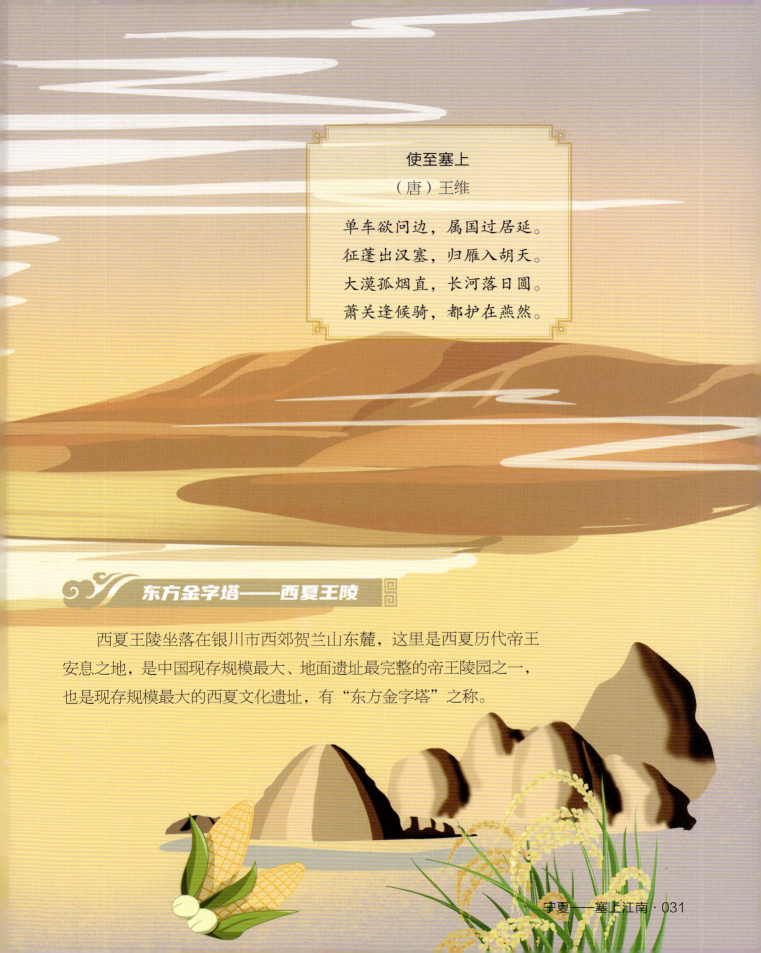

使至塞上

（唐）王维

单车欲问边，属国过居延。
征蓬出汉塞，归雁入胡天。
大漠孤烟直，长河落日圆。
萧关逢候骑，都护在燕然。

东方金字塔——西夏王陵

　　西夏王陵坐落在银川市西郊贺兰山东麓，这里是西夏历代帝王安息之地，是中国现存规模最大、地面遗址最完整的帝王陵园之一，也是现存规模最大的西夏文化遗址，有"东方金字塔"之称。

美丽的中卫沙坡头

　　大漠孤烟、长河落日是塞上特有的风光。今天，人们在宁夏中卫不仅能欣赏到神山、大漠、黄河、绿洲、草原及文化遗址，更能体验到绝世奇观"沙坡鸣钟"。中卫沙坡头已融长城文化、丝路文化、游牧文化、农耕文化与现代治沙经验于一体，呈现出丰富灿烂的多元文化景观。

宁夏枸杞

塞上湖城——银川市

　　银川是我流经的第二个省会城市，由于历史上我不断改道，银川市内湖泊、湿地众多，古有"七十二连湖"之说，今有"塞上湖城"之美誉，可谓"城在湖中，湖在城中"。银川鼓楼是银川市的标志性建筑，也是一座见证宁夏解放的古建筑。如今，随着城市的不断发展，银川滨河黄河大桥横跨东西，成为银川市一道靓丽的风景线。

银川鼓楼

塞外奇景——黄沙古渡

黄沙古渡位于银川市兴庆区月牙湖乡，这里是昭君出塞和亲的地方，也是康熙皇帝西征所经的渡口。岁月流逝，我的滚滚河水向北方奔腾，巍峨的明长城朝东南延伸。长城、烽火台、古渡口，在这里交织成壮丽又独特的塞外风光。

须弥山石窟

须弥山石窟位于宁夏回族自治区固原市口子河北麓的山峰上，是丝绸之路上著名的佛教石窟。石窟开凿于北魏，是中国十大石窟之一。

天然水渠博物馆

水利是农业的命脉。宁夏水利事业发达，拥有两千多年的引黄灌溉史。自秦汉开始，先后开掘秦渠、汉渠、唐徕渠等九大古灌渠，因而宁夏被誉为"陈列在大地上的水利博物馆"。许多古渠至今仍然发挥着灌溉作用，使宁夏平原瓜果飘香、粮食满仓。

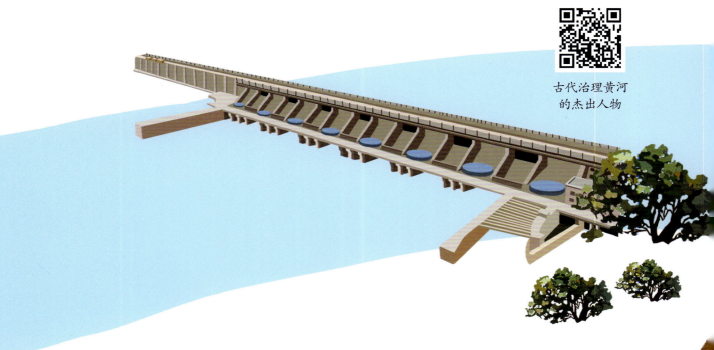

古代治理黄河
的杰出人物

神奇的 108 塔

108 塔是建于西夏时期的喇嘛式实心塔群。塔群随山势分阶而建，由下而上逐层增高，按奇数排列成 12 行，形成巨大的三角形塔群，以其独特的建筑形式、神秘的西夏历史文化和博大的佛教文化闻名遐迩。

一百零八塔的故事

青铜峡水电站是在我上游最后一道峡谷建设的水利枢纽工程，新中国第一座闸墩式水电站。今天，在青铜峡黄河大峡谷景区，可以欣赏到黄河文化的标志性建筑——黄河楼，以及中华黄河坛等壮美景观。

黄河楼

青铜峡

（清）严禹沛

青铜峡口过轻舟，百八亭亭塔影浮。
奇绝两山中擘处，黄河千古自东流。

出了宁夏石嘴山市惠农区，我蜿蜒向北，进入内蒙古自治区。"大河向东流，天上的星星参北斗……"在内蒙古，我主要的流向是自西向东。在内蒙古这个令人神往的地方，你可以吃到香喷喷的手抓羊肉，看到美丽的蒙古包、神秘的阴山岩画，还可以听到低沉悠扬的马头琴琴声在一望无际的草原上回旋……

内蒙古

草原之乡

内蒙古自治区位于黄河中上游，横跨东北、华北、西北地区，草原、森林和人均耕地面积居全国第一，稀土金属储量居世界首位。5000多年前，内蒙古自治区境内已有仰韶文化分布。黄河在内蒙古段全长830公里，孕育出丰饶的河套平原。

黄河在内蒙古

我由乌海市海南区西边进入内蒙古，出黄土高原一路向北，在阴山之南画出一个大大的"几"字。我流经乌海、巴彦淖尔、鄂尔多斯、包头、呼和浩特6个盟市，大黑河流进我的怀抱。

黄河百害，唯富一套

"黄河百害，唯富一套"，河套平原地势平坦，土壤肥沃，但降水量稀少，因此自秦汉时起，人们在这里开凿沟渠，引黄河水灌溉，才使这里农业发达，有"塞上粮仓"的美誉。

蒙古包

蒙古包是蒙古族牧民居住的房子，是古代游牧生活的产物。远远望去，一个个圆圆的蒙古包可爱极了，难怪人们给蒙古包起了一个典雅大气又形象的名字——穹庐。

乌海市

乌海市是我流经内蒙古的第一站，有"沙地绿洲，水上新城"之誉，这里集聚沙漠、黄河、湖泊、草原、高山、湿地等丰富的自然景观。乌海湖如同一盏巨大的翡翠玉盘，镶嵌在高山沙漠之间。乌海市资源丰富，以"乌金之海"著称。

阴山岩画

阴山岩画是雕凿在阴山山脉岩石上的图像，主要集中在内蒙古乌拉特中旗、乌拉特后旗、磴口等旗县境内，岩画内容丰富多彩，题材涉及动物、人物、神灵、器物、天体等。阴山岩画刻法有敲凿、磨刻、线刻等，艺术水平很高。

马头琴

马头琴，蒙古语称"潮尔"，是一种两弦的弦乐器，有梯形的琴身和雕刻成马头形状的琴柄，是蒙古族人民喜爱的乐器。用马头琴演奏的乐曲深沉、粗犷、激昂而悠扬，动人心弦。

鄂托克恐龙遗迹化石自然保护区

你对恐龙感到好奇吗？你想知道生活在亿万年前的恐龙的脚印是什么样子吗？鄂托克恐龙遗迹化石自然保护区的各种恐龙足迹、古脊椎化石，肯定能满足你的好奇心哦。

巴彦淖尔市

巴彦淖尔市在我的西北岸，位于举世闻名的河套平原和乌拉特草原，是内蒙古西部的一座新兴城市。巴彦淖尔，蒙古语意为"富饶的湖泊"，被称为中国恐龙的故乡。

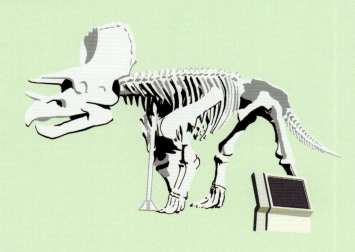

大河分界处——托克托县

托克托县的河口镇（现已改名为双河村）是黄河上游和中游的分界处。赵武灵王"胡服骑射"的故事你一定熟悉吧？这里的黄河渡口也叫"君子津"，康熙皇帝远征噶尔丹时曾在这里渡河。

赵武灵王改革

君子津的由来

神奇的响沙湾

沙漠的沙子会唱歌？这个沙子会唱歌的地方就叫"响沙湾"，坐落在库布齐沙漠的东端，是距离城市最近的沙漠旅游胜地。响沙湾在蒙古语中被称为"布热芒哈"，意思是"带喇叭的沙丘"。

鄂尔多斯市

　　在我的南岸是鄂尔多斯市，这里历史悠久，展现了"黄河几字弯，多彩达拉特"的历史文化和异彩纷呈的民族风情。

大窑文化遗址

　　在呼和浩特市郊区保合少乡大窑村南山坡上，有罕见的旧石器时代重要文化遗址——一座石器制造场。1973年10月被发现，出土了石核、石片、石斧等300多件石器文物。大窑文化遗址的发现，充分证明北方阴山之南已有原始人活动，而呼和浩特的文明就源于大窑文化。

敕勒川

这首脍炙人口的《敕勒歌》，为我们展现了大草原的辽阔、迷人、富足、殷实。有人认为，诗歌中的敕勒川就是现在的呼和浩特和喇嘛湾之间的土默川平原。

敕勒歌

（北朝）

敕勒川，阴山下。
天似穹庐，笼盖四野。
天苍苍，野茫茫。
风吹草低见牛羊。

蒙古野驴

特色动物

内蒙古特色动物特别多，被列入国家一、二、三类保护的兽类和鸟类共 49 种。

蒙古野驴和野骆驼是世界上最珍贵的兽类之一，高大可爱的驯鹿可是内蒙古特有的动物哦！

特色饮食

手把羊肉是草原上简便实惠的待客食品，蒙古语称为"布和力麻哈"。它是内蒙古著名的民族传统菜，人们在食用时，要用手"把"着吃。手把羊肉醇香味美，营养丰富，当代著名作家汪曾祺用"无与伦比"来评价它。

草原钢城——包头市

　　包头市在我的北岸，位于内蒙古中部偏西的前套平原上，北依大青山。过去的包头是沟通北方草原游牧文化与中原农耕文化的交通要冲，还是商贾云集的黄河上游的第一大码头，山西等地的人们"走西口"的主要目的地便是包头。今天的包头市已经是内蒙古重要的工业城市了，被誉为"草原钢城"。

从托克托县的双河村，我进入山陕大峡谷（也称为晋陕峡谷），这时我是陕西和山西的"界河"，在我的西岸是陕西，东岸是山西。我由北向南，一路蜿蜒而下，至陕西韩城"咆哮万里触龙门"，结束了山陕大峡谷的旅行。

在山陕大峡谷，你会为世界上唯一的金黄色大瀑布——壶口瀑布所震撼，你会看到我和黄土高原的千年纠缠，你会真正体会到黄土、黄河、黄种人，你还会看到延安革命纪念馆、杨家岭革命旧址、枣园革命旧址……那里，每一寸土地都有革命前辈们奋斗过的痕迹。

陕西
汉唐故地

陕西位于黄河中游，简称"陕"或"秦"，处于中国内陆腹地。陕西历史悠久，文化深厚，关中地区是中华文明重要的发祥地，上古时为雍州、梁州之地，也是炎帝故里及黄帝陵所在。"秦中自古帝王都"，周、秦、汉、唐等13个王朝曾经在长安（今西安）建都。从地理位置上讲，陕西是中国西北门户，具有重要战略地位。

"泾渭分明"
有故事

黄河入陕第一弯——金龙湾

我在山陕峡谷中蜿蜒前行，在陕西府谷墙头尧峁村拐了一个90度的大弯。这里是宋朝开国皇帝赵匡胤的家乡，传说他少年时下河游泳曾显现出蛟龙的真身，于是当地人就称这里为"金龙湾"，又叫"蛟龙湾"。

黄河在陕西

我自府谷县进入陕西境内，先后流经榆林、延安、渭南、韩城等4市12个县（区），沿途有延河、渭河、泾河、无定河等支流与我汇合，其中，泾河、渭河冲积而成的关中平原是中华文明和农耕文明重要发祥地，在唐朝之前一直是中国的政治、经济、文化中心。在潼关，渭河、北洛河和黄河相会，构成三河一山（华山）中华文明轴心地带。

莲花辿

我流经榆林市府谷县城东北，在这里创造了一个地理奇观——莲花辿，它是一种隐藏在黄河"几"字弯东北部的特殊岩石（砒砂岩）构成的地貌结构。莲花辿高百余仞，远望状若莲花，五色斑斓，南面黄河，西北绵亘10公里，甚是宏大壮观。

黄河入陕第一城——府州古城

《诗经》之乡洽川

《杨家将》中，佘太君百岁挂帅出征的故事妇孺皆知。佘太君的原型就是府谷折氏家族的折赛花——一位英姿飒爽的抗辽女将领。

府谷县的府州古城曾是古代陕北极其重要的军事要塞，曾为宋、辽、西夏、金的鏖战之地。古城始建于五代时期，有千佛洞、荣河书院、文庙、南门瓮城、水门等遗迹，是中国北方保留最完整的石头城之一。

折赛花

天下黄河一壶收——壶口瀑布

黄河壶口瀑布是世界上最大的黄色瀑布，也是黄河上唯一的瀑布。"源出昆仑衍大流，玉关九转一壶收"，抗战时期，由著名音乐家冼星海作曲的《黄河大合唱》成为民族的壮歌。"风在吼/马在叫/黄河在咆哮/黄河在咆哮……"此曲表现了中华民族坚强不屈、顽强抗战的精神，是传世之作。

十大名关之一——潼关

潼关位于秦、晋、豫三省交界的黄河三角地带，黄河、渭河、洛河三河交汇，北濒黄河，南依秦岭，西连华山，以盛产黄金闻名于世，有"鸡鸣闻三省，关门扼九州"之美称。

潼关历史文化源远流长：马超刺槐、十二连城、仰韶文化遗址等名胜古迹，星罗棋布；风陵晓渡、谯楼晚照、秦岭云屏等"潼关八景"，引人入胜。

题潼关楼

（唐）崔颢

客行逢雨霁，歇马上津楼。
山势雄三辅，关门扼九州。
川从陕路去，河绕华阴流。
向晚登临处，风烟万里愁。

潼关

延安宝塔

"几回回梦里回延安，双手搂定宝塔山。"延安宝塔位于延安宝塔山上，始建于唐朝。宝塔山又名嘉岭山，山下路旁的岩石上，有宋代著名文学家范仲淹所书"嘉岭山"三字的题记。

《黄河大合唱》：
华夏儿女的精神颂歌

革命圣地——延安

我的西岸边是革命圣地——延安，诗人贺敬之在这里写出了著名的《回延安》："千声万声呼唤你——母亲延安就在这里！"延安素有"塞上咽喉""军事重镇"之称，被誉为"三秦锁钥，五路襟喉"。

从1935年到1948年，延安是中共中央所在地，经历抗日战争、解放战争和整风运动、大生产运动、中共七大等一系列影响和改变中国历史进程的重大事件。今天，延安还留有大量革命纪念地和遗址，像延安革命纪念馆、杨家岭、枣园等。

香炉寺位于陕西佳县，因为庙下的山形极像一尊香炉而得名。建在悬崖上的香炉寺三面悬空，如同危石，远远望去，宛如"小蓬莱"一般，有仙境之美妙。

昭陵六骏石刻

大雁塔

《西游记》里唐僧西天取经的故事可谓家喻户晓，唐僧的原型就是唐朝高僧玄奘。大雁塔是玄奘法师为供奉从印度带回来的佛像、舍利和梵文经典而主持建造的，位于西安市南的大慈恩寺内，又名"慈恩寺塔"，是现存最早、规模最大的唐代四方楼阁式砖塔。

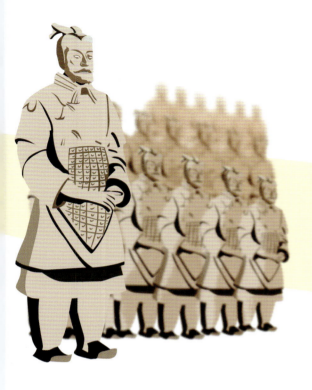

兵马俑

兵马俑是世界考古史上最伟大的发现之一，是雕塑艺术的宝库，不仅为中华民族灿烂的文化增添了光彩，也为世界艺术史添上了光辉的一页。坑内出土的青铜兵器有剑、矛、戟，以及大量的弩机、箭头等，表明当时秦朝已经有了很高的冶金技术，也是世界冶金史上的奇迹。

黄帝陵

延安境内的桥山之巅是著名的人文史祖轩辕黄帝的陵寝。桥山之上古柏参天，黄帝陵内至今仍有相传为黄帝亲手栽植的"黄帝手植柏"。每年清明前后，来自世界各地的中华儿女纷纷到黄帝陵祭祀扫墓。

千年古石城——吴堡古城

吴堡古城又叫吴堡石城，位于陕西省吴堡县宋家川镇北黄河西岸山巅，是西北地区迄今保存最完整的千年古城。它扼秦晋交通之要冲，东以黄河为池，西以沟壑为堑，南为通城官道下至河岸，北门外为咽喉要道，连接后山，为"一夫当关，万夫莫开"的险要之地。

何尊：最早记载"中国"二字

何尊的故事

韩城古城

在我的西岸是韩城市，这里不仅是战国七雄之一韩国的都城所在地，也是中国伟大的史学家司马迁的故乡。韩城是全国六个保护较好的明清古城之一，拥有保存完好且被誉为"明清建筑活化石"的党家村四合院民宅村落，人称"小北京"。

黄土高原上的窑洞

　　"延安的窑洞是最革命的，延安的窑洞有马列主义，延安的窑洞能指挥全国抗日斗争。"延安窑洞孕育了宝贵的延安精神，每一寸土地都有革命前辈们奋斗的痕迹。

　　窑洞是黄土高原上重要的民居形式之一，不仅是中国宝贵的历史文化遗产，也是世界历史文化遗产的重要组成部分。

三十年河东
三十年河西

秦腔

秦腔是中国最古老的戏剧之一，是国家级非物质文化遗产。秦腔有着整套成熟、完整的表演体系，曲调慷慨悲凉，粗犷豪放，富有浓郁的生活气息。

蓝田猿人头盖骨化石出土处

蓝田县和蓝田人遗址

蓝田县是中华文明最早的发祥地之一，境内有公王岭猿人遗址、陈家窝猿人遗址、红河遗址等。据专家推测，约115万年前，蓝田猿人就在公王岭一带繁衍生息，之后逐渐散居于灞河中下游。蓝田人是黄河流域发现的最早的古人类。

鲤鱼跳龙门

在我国古代，民间流传着"鲤鱼跳龙门"的传说。龙门位于韩城市东北部的黄河大峡谷中，是晋陕大峡谷的南端出口，这里两岸峭壁夹峙，形如门阙，据说为大禹治水时开凿，又称"禹门口"。

鲤鱼跳龙门

羊肉泡馍

陕西有许多特色美食小吃，最有代表性的是羊肉泡馍，也称"羊肉泡"，古称"羊羹"。据说北宋大文豪苏东坡吃过羊肉泡馍后，留下"秦烹唯羊羹，陇馔有熊腊"的精彩诗句。

塞上明珠——榆林市

榆林是陕西省最北部的城市，位于黄土高原和毛乌素沙漠交界处，属于黄土高原与内蒙古高原的过渡区，陕、甘、宁、内蒙古、晋五省（自治区）交界地，自古是兵家必争之地。榆林城始建于春秋战国，兴于明清，曾是明朝九边重镇延绥镇驻地，民间也流传着"南塔北台中古城，六楼骑街天下名"的佳话。

中华石鼓园

西岳华山

　　华山，古称"西岳"，又称"太华山"，位于渭南市华阴市，南接秦岭，北瞰黄河和渭河，自古以来就有"奇险天下第一山"的说法。

陕北的好江南——南泥湾

　　1941年3月，八路军359旅在南泥湾开展了著名的大生产运动。在"一把镢头一支枪，生产自给保卫党中央"的口号宣传下，全旅指战员立志将荒凉的南泥湾变成牛羊满川、麦浪起伏的陕北江南。因此南泥湾是中国共产党发扬艰苦奋斗、自力更生精神的一面旗帜。

革命老区——清涧县

清涧县是红色革命老区。早在 1925 年，这里就建立了党团组织。1927 年 10 月 12 日，西北地区爆发了著名的清涧起义。1936 年，毛泽东在清涧县看到千里冰封、万里雪飘的北国风光，写下了《沁园春·雪》。

《沁园春·雪》
及其诞生地

延川黄河蛇曲国家地质公园

蛇曲，是指被河流冲刷形成的像蛇一样蜿蜒的地质地貌。在陕西延川境内，我接连转了五个 S 形大转弯，分别形成漩涡湾、延水湾、伏寺湾、乾坤湾和清水湾。在"S"形的两个大弯内，有两个半岛式的村庄，分别是陕西省的伏义村和山西省的河会村。

　　黄土高原的风在吹，我在黄土高原的沟壑间风尘仆仆地前行，等进入三晋大地，你便会看到一座气势宏伟的楼阙，这就是中国四大名楼之一——鹳雀楼。在山西大地上，你会听到具有浓郁黄土气息的民歌，你会感受到这片土地的岁月变迁，你还会感受到强劲的太行精神。

山西

表里山河

黄河在山西

我自偏关县老牛湾进入山西境内，流过忻州、吕梁、临汾、运城 4 市 19 县，汾河、沁河等是我在山西的支流。

山西位于黄河中游，简称"晋"，东依太行山，西、南靠吕梁山、黄河，北凭长城，柳宗元称之为"表里山河"。这里是中华民族重要发祥地之一，有文字记载的历史三千年，是"华夏文明摇篮"，素有"中国古代文化博物馆"之称。

晋侯鸟尊

蒲州

黄河永济段（古蒲州）是黄河南北走向的最后一段，再往南到风陵渡，黄河来了一个九十度的大转弯，然后向东流入河南灵宝市。

过去，这一段的河床特别不稳定，时常滚动，人们常说的"三十年河东，三十年河西"便由此而来。

晋陕大峡谷

晋陕大峡谷从内蒙古托克托到山西河津禹门口，长达 700 多公里，有山连山、峡连峡，千曲百折的河曲景观，把九曲十八弯诠释得淋漓尽致。

这一段流域内黄土高原土质松软，河水下切和水土流失问题严重，大概每年有十几亿吨的泥沙被带入河中，所以这一段黄河形成了多沙、水黄的特征。

　　临汾市位于我的东面，汾河穿城而过。临汾历史悠久，是中华民族的重要发祥地之一，也是黄河文明的摇篮。临汾市有种类繁多的非物质文化遗产，如蒲州梆子、威风锣鼓等，被誉为"梅花之乡""剪纸之乡"和"锣鼓之乡"。

雁门关

　　"羊马群中觅人道，雁门关外绝人家。"雁门关是长城上的重要关隘，以"险"著称，被誉为"中华第一关"，有"天下九塞，雁门为首"之说。

五台山

忻州在我的东岸，古称"秀容"，素有"晋北锁钥"之称。这里有中国四大佛教名山之一的五台山，因由五个顶如平台的山峰组成而得名。

临县天然崖壁浮雕

山西临县和陕西佳县间的黄河两岸，由于河水侵蚀，地貌景观最为著名。我像是大手笔的艺术家，在这里镌刻了石沟、石龛、石书、石窟等，以及各种动物形态的崖壁石雕。

西侯度遗址

芮城县西侯度遗址是早期猿人阶段文化遗存的典型代表之一，为目前中国境内最古老的一处旧石器时代遗址。该遗址保存有目前中国最早的人类用火证据，也是世界上人类用火的最早记录之一。

九曲黄河第一镇——碛口

碛口古镇位于山西省吕梁市临县南端，在明清至民国年间，因黄河水运一跃成为中国北方商贸重镇，有"九曲黄河第一镇"美誉，也是晋商发祥地之一。古镇沿着山势梯级建造，拥有400多座大小院落。

莺莺塔

普救寺

普救寺位于山西省永济市蒲州镇西厢村的塬上，始建于唐武则天时期，原名西永清院，是一座佛教十方禅院。元代著名剧作家王实甫所写的《西厢记》崔莺莺与张生的爱情故事就发生在这里。高高矗立在普救寺内的砖塔是"莺莺塔"，能传出"普救蟾声"，可谓世界奇塔。

莺莺塔的科学奥秘

蚕为天下虫

从尧舜禹开始，运城便是帝王的建都之地，是当时的"万国之中"，因"运盐之城"而得名。运城是人类第一次使用火的地方，还是人类最早食用盐、开始冶炼和农耕文明起源的地方。这里是人类最早聚集生活的地方，素有"五千年文明看运城"的说法。女娲补天、黄帝战蚩尤等传说均发生在运城。融合多种建筑风格的李家大院，更有着极高的文化价值和艺术价值。

华夏摇篮——夏县

山西面塑

夏县，古称安邑，位于山西省西南部，因中国历史上第一个奴隶制王朝——夏朝在此建都而得名。夏县是中华民族重要发祥地之一，有"中国源头，华夏摇篮"的美称。早在 7000 年前，境内就有人类居住繁衍。传说嫘祖在此植桑养蚕。4500 年前，大禹疏渠通水，始定九州，大禹的儿子启在此建都，开启了中国王朝家天下的局面。

大禹

北岳恒山

恒山，古称玄武山、玄岳等，以倒马关、紫荆关、平型关、雁门关、宁武关虎踞为险，是塞外高原通向冀中平原之咽喉要冲。抗日战争期间，著名的"平型关大捷"就发生在这一带。

引黄入晋万家寨

水利是农业的命脉，建设黄河水利工程，利用好我的水资源尤其重要。万家寨水库位于黄河干流晋陕大峡谷北段，山西偏关县与内蒙古准格尔旗之间，主要任务是发电、防洪等。

太子滩和娘娘滩

在我长达万里的河道上，只有两个小岛，那就是太子滩和娘娘滩，其中娘娘滩是万里黄河河道上唯一有人居住的岛屿。人们在岛上可以听到晋、陕、内蒙古三省（自治区）的鸡鸣，神奇吧！

登鹳雀楼

（唐）王之涣

白日依山尽，
黄河入海流。
欲穷千里目，
更上一层楼。

鹳雀楼

鹳雀楼被称为天下第一楼，旧址在永济市，楼高三层，前面是巍巍中条山，下临黄河滚滚波涛。传说常有鹳雀在楼上停留，就有了鹳雀楼这名字。

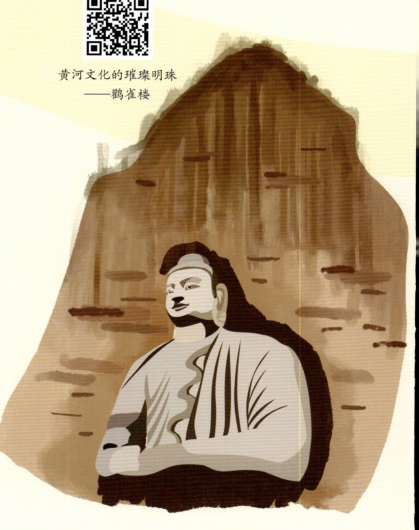

黄河文化的璀璨明珠
——鹳雀楼

云冈石窟

云冈石窟依山开凿，东西绵延 1 公里，存有主要洞窟 45 个，大小窟龛 252 个，石雕造像 51000 余躯，造像气势宏伟，内容丰富多彩，堪称公元 5 世纪中国石刻艺术之冠。

吕梁市

在我的东岸是吕梁市，因吕梁山脉纵贯全境而得名。吕梁是革命老区，是红军东征主战场、晋绥边区首府和中央后方委员会机关所在地，小说《吕梁英雄传》以及改编的同名电影、电视剧，歌曲《人说山西好风光》，电影《我们村里的年轻人》等红色经典文艺影视作品就孕育、诞生于吕梁一带。

黄河铁牛

黄河三大古渡

"洪波浩渺自西来，晋豫平分两岸开。一苇才冲烟霭去，片帆又载明月来。"在我北岸的山西境内，有被称为"黄河三大古渡"的风陵渡、大禹渡和茅津渡。其中，茅津渡最为著名，不仅是古代兵家必争之地，也是山西等地重要的运盐通道。

刀削面

刀削面是山西的一种特色面食，又名"驸马面"。据传，刀削面是唐朝驸马柴绍始创，与北京的炸酱面、河南的烩面、湖北的热干面、四川的担担面，同称为中国五大面食。

茅津渡

　　河南是我流经的第八个省（自治区），到这里我的流向又转成"大河向东流"。我孕育了中华文明，但我的桀骜不驯也曾给人们带来深重的灾难。

　　在河南，每一个地名都浸润着历史的沧桑，你会为黄河文明感到无比的光荣，你会找到自己姓氏的起源，你会感悟到沉淀在岁月深处的苦难，以及中华民族处于苦难中仍坚韧不拔的精神……

河南

天下之中

河南位于黄河中下游，简称"豫"，因大部分地区位于黄河以南而得名。河南古称中原、豫州、中州，是中华民族与中华文明的重要发祥地之一。古代四大发明中的指南针、造纸术、火药均发明于河南，历史上先后有20多个朝代在这里建都或迁都，出现了洛阳、开封、安阳、郑州、商丘等著名的古都。

中流砥柱：
中华民族精神的象征

黄河在河南

我进入河南境内，横贯三门峡、洛阳、济源、焦作、郑州、新乡、开封、濮阳等8市26县（市、区）。在河南境内，洛河、金堤河等流入了我的怀抱。

三门峡黄河大坝

中华人民共和国成立之后，建设在黄河上最早的水利枢纽工程是三门峡黄河大坝，以防洪、防凌为主，兼顾灌溉、发电。

据说在上古时代，三门峡河道狭窄处有一座山矗立在我的急流中，影响河水的通行。大禹治水时就把山两边的河道凿宽，这样这座山就像一根柱子一样立在急流之中，成语"中流砥柱"由此诞生啦！

仰韶文化

　　仰韶文化最初是在河南省三门峡渑池县仰韶村遗址发现的，是一个以史前农业为主的文化类型。这里出土了大量的石器、陶器，尤其是绘着精美花纹的彩陶，不仅是仰韶文化的独特标志，更是中华文明的灿烂瑰宝。仰韶文化博物馆位于仰韶村遗址保护区，是国内首家仰韶文化专题博物馆。

龙门石窟

　　龙门石窟位于洛阳市洛龙区伊河两岸的龙门山与香山上，是中国石刻艺术宝库之一，现为世界文化遗产、全国重点文物保护单位。今存有窟龛 2345 个，造像 10 万余尊，碑刻题记 2800 余品。

龙门二十品

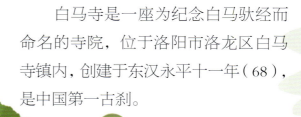

白马寺

白马寺是一座为纪念白马驮经而命名的寺院，位于洛阳市洛龙区白马寺镇内，创建于东汉永平十一年（68），是中国第一古刹。

流光溢彩的唐三彩

唐三彩是唐代彩色釉陶艺术品的总称，其釉色以黄、绿、白三色为主，造型以人物、马匹、骆驼、器皿最具代表性，至今已有 1300 余年历史。孟津县既是洛阳唐三彩文物的发现地，也是洛阳唐三彩工艺品的制造地。

函谷关的故事

函谷关

在我的南岸灵宝市境内有一个著名的关隘——函谷关，是中国古代兵家必争之地。历史上许多著名典故和历史事件都发生在这里，像"紫气东来""老子过关"等。

炎黄二帝塑像

炎黄二帝的塑像位于郑州市西北部黄河风景名胜区向阳山（始祖山）上，背依邙山，面向黄河。雕塑中高者为炎帝，矮者为黄帝，所使用的材料均是太行山真石，巨塑以山为体，使山人合一。

郑州二七纪念塔

在郑州二七广场高高矗立的二七纪念塔，是为了纪念 1923 年 2 月 7 日京汉铁路工人大罢工而修建的，是中国建筑中独特的仿古联体双塔。2006 年，它被列为全国重点文物保护单位。

郑州市

郑州市位于我的南岸，是我流经的第三个省会城市，北临黄河，西依嵩山，东南为广阔的黄淮平原。早在3600年前，郑州就成为中国商代早期和中期都城，是商文明的发源地。这里有登封"天地之中"历史建筑群、黄帝故里、商城遗址等历史名胜。

"诗圣"杜甫的诞生地——巩义市

"朱门酒肉臭，路有冻死骨""烽火连三月，家书抵万金"，这些脍炙人口的诗句，出自中国伟大的现实主义诗人、"诗圣"杜甫之手。杜甫出生在河南的巩县，即现在的郑州巩义市。在巩义境内有豫商代表性建筑——康百万家园和著名的巩义石窟。抗战时期，巩义也是抗击日寇的战场之一。

　　"男子打仗到边关，女子纺织在家园……"这是豫剧《花木兰》的经典唱段。

　　豫剧发源于开封，是在河南梆子的基础上创新发展而来的，因河南简称"豫"，故称豫剧，与京剧、越剧、黄梅戏、评剧并称为"中国五大剧种"。它以唱腔铿锵大气、抑扬有度、行腔酣畅、吐字清晰、韵味醇美等特点，广受人们欢迎，被西方人称赞为"东方咏叹调"。

甲骨文

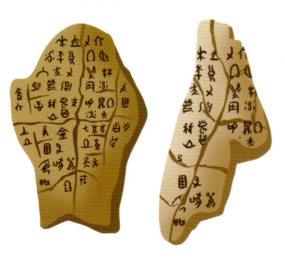

殷墟

　　安阳市在我的北岸，和开封隔河相望，商朝后期都城遗址——殷墟，就位于安阳市小屯村一带。20世纪初，殷墟因发掘出甲骨文而闻名于世，被列入首批全国重点文物保护单位和世界文化遗产名录。现存遗迹主要包括殷墟宫殿宗庙遗址、殷墟王陵遗址、洹北商城等。

裴李岗文化位于黄河中游，是中原地区发现的最早的新石器时代文化之一。裴李岗文化是仰韶文化的源头之一，也是中华文明的重要起源。其重要遗址包括临汝中山寨遗址、长葛石固遗址等。

小浪底水库

当排水排沙开始时，携带大量泥沙的混浊水流从排沙洞奔腾而出，黄河之水天上来的气势便显露出来，这便是小浪底水库。小浪底水利枢纽建成后，这里形成了湖光山色、千岛星布、"高峡出平湖"的奇丽景观。

天下第一名刹——少林寺

少林寺位于河南省登封市嵩山五乳峰下，始建于北魏太和十九年（495）。少林寺在中国佛教史上占有重要地位，被誉为"天下第一名刹"，现为世界文化遗产。因历代少林武僧潜心研创和不断发展的少林功夫而名扬天下，素有"天下功夫出少林，少林功夫甲天下"之说。

嵩阳书院的传说

古代高等学府——嵩阳书院

嵩山地区自古就是儒家学派活动的重要地区，这里有嵩阳书院、颍谷书院、少室书院、南城书院、存古书院，其中最显赫的为嵩阳书院，以理学著称于世，以文化赡富、文物奇特名扬古今。嵩阳书院建制古朴雅致，被称为研究中国古代书院建筑、教育制度及儒家文化的"标本"。

二十四节气的由来

中岳嵩山

"崧高维岳，骏极于天"，这是《诗经》中的名句，说的就是中岳嵩山。嵩山北瞰黄河、洛水，南临颍水、箕山，东通郑汴，西连古都洛阳，是古京师洛阳东方的重要屏障，素为京畿之地，具有深厚文化底蕴，也是中国佛教禅宗的发源地和道教圣地。

城摞城的开封市

开封是一座"依河而兴"的古城，迄今已有 4100 余年的建城史和建都史。夏朝，战国时的魏，五代时期的后梁、后晋、后汉、后周，北宋和金，相继在此定都，素有"八朝古都"之称。开封还是著名的戏曲之乡、木版年画艺术之乡、盘鼓艺术之乡。

千年古镇——朱仙镇

濮阳市

濮阳市在我的北岸，古称帝丘，据传五帝之一的颛顼曾以此为都。濮阳之名始于战国时期，因位于濮水（黄河与济水的支流，后因黄河泛滥淤没）之阳而得名，是中国古代文明的重要发祥地之一。1987 年出土的距今 6400 多年的蚌塑龙形图案，被誉为"中华第一龙"。

黄河鲤鱼

"黄河三尺鲤，本在孟津居。点额不成龙，归来伴凡鱼。"黄河大鲤鱼是中国四大名鱼之一，自古就有"洛鲤伊鲂，贵如牛羊"之说，以金鳞赤尾、体形梭长、肉质细嫩、口感鲜美而驰名中外。李白等诗人都曾为其写诗作赋，称其为"龙鱼"。

焦作市

　　焦作市位于我的北岸，古称山阳、怀州，是中华民族早期活动的中心区域之一，现存裴李岗文化、仰韶文化和龙山文化遗址，是司马懿、韩愈、李商隐及竹林七贤之一山涛等名人的故里。焦作是中国太极拳发源地。这里有云台山、神农山、青天河3个5A级景区。

历史古都——洛阳市

　　洛阳有5000多年文明史、4000多年城市史、1500多年建都史，是中华文明的重要发祥地之一、丝绸之路的东方起点和隋唐大运河的中心，先后有十多个王朝在这里建都。有二里头遗址、偃师商城遗址、东周王城遗址、汉魏洛阳城遗址、隋唐洛阳城遗址五大都城遗址，历史上有"五都荟洛"美誉，拥有龙门石窟、汉函谷关、含嘉仓等世界文化遗产。

八百诸侯相会的孟津

孟津在我右岸中下游交界处，是中华文明的发祥地之一。大约在公元前 1048 年，周武王在孟津进行大规模的阅兵，史称"孟津观兵"。孟津主要景点有邙山陵墓群、东汉光武帝原陵、汉魏洛阳古城、金龙寺、唐白云观等。

花园口

黄河郑州段的花园口，这是一个沉重且让人悲伤的地方。1938 年 6 月 9 日，为阻击日军，蒋介石下令在花园口炸开黄河大堤，豫、皖、苏 3 省 44 县被淹，无数百姓流离失所。花园口决堤是 20 世纪最大的人造灾难之一，也是抗战时期三大惨案之一。

2002 年 6 月 15 日，花园口水文新站建成，这是黄河上的第一座数字化水文站。自此，科学化治理黄河的"数字黄河"工程从花园口正式起步。如今，花园口水文站的数据成了我的"晴雨表"。

黄泛区

黄泛区，苦难的代名词。在我下游的河南省内，由于我的桀骜不驯以及天灾人祸，造成多次洪水泛滥，使得故园荒芜、黄沙堆积、民不聊生……如今，经过 60 多年的治理和改善，曾经的黄泛区有了绿成荫、树成林的景象，有了麦花黄、稻花香、棉花白的田园风光，故园变成了美好家园。黄泛区人民过上了幸福美好的生活。

清明上河园

《清明上河图》是中国十大传世名画之一，是画家张择端献给宋徽宗的作品，主要描绘了北宋汴京（今河南开封）市民的生活场景和汴河上店铺林立、市民熙熙攘攘往来之热闹场面。清明上河园是坐落在开封的一座大型宋代文化实景主题公园，以《清明上河图》为蓝本，再现古都汴京千年繁华的胜景。

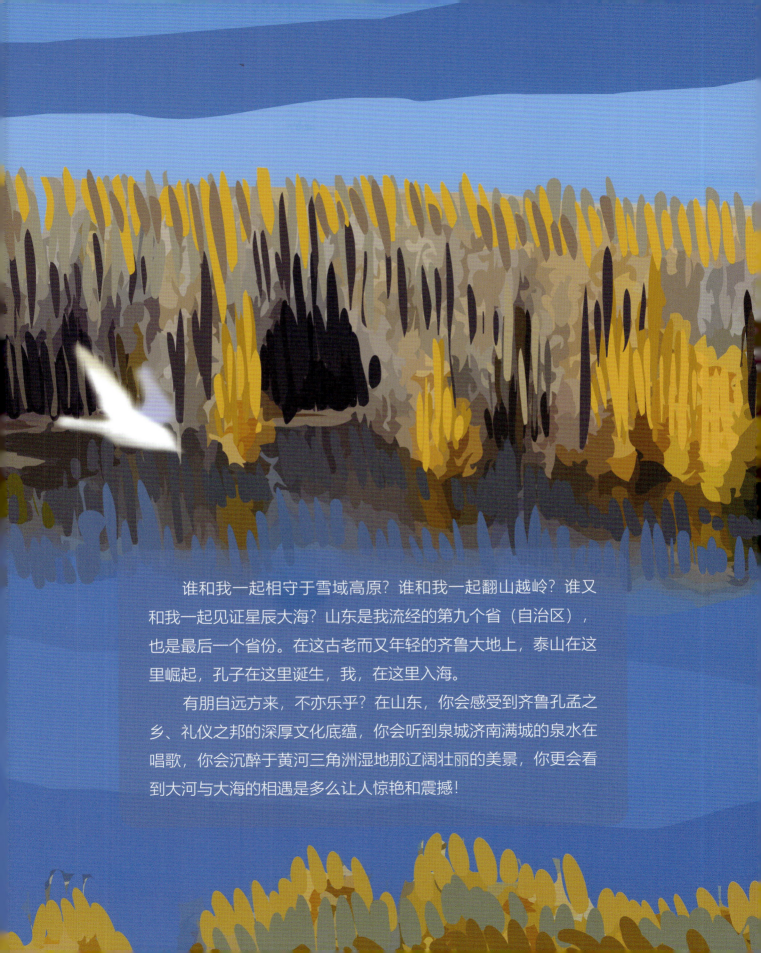

　　谁和我一起相守于雪域高原？谁和我一起翻山越岭？谁又和我一起见证星辰大海？山东是我流经的第九个省（自治区），也是最后一个省份。在这古老而又年轻的齐鲁大地上，泰山在这里崛起，孔子在这里诞生，我，在这里入海。

　　有朋自远方来，不亦乐乎？在山东，你会感受到齐鲁孔孟之乡、礼仪之邦的深厚文化底蕴，你会听到泉城济南满城的泉水在唱歌，你会沉醉于黄河三角洲湿地那辽阔壮丽的美景，你更会看到大河与大海的相遇是多么让人惊艳和震撼！

山东

河海交汇

我从菏泽市东明县的焦园乡进入山东境内，流经菏泽、济宁、泰安、聊城、济南、德州、滨州、淄博、东营等9市20多个区县，在东营市垦利区黄河口镇流入渤海。我在山东段的主要支流是大汶河。

山东位于黄河下游，简称"鲁"，古称齐鲁，先秦时在这里建立齐国和鲁国，形成齐文化和鲁文化，齐鲁文化对中华文化的形成和发展有重要贡献和深远影响。山东是北辛文化、大汶口文化和龙山文化的发祥地，是中国东部沿海重要省份，重要的农业产区、黄金产地、能源基地，境内黄河横贯东西，京杭大运河纵穿南北。

逝者如斯夫，不舍昼夜。

孔子：
黄河岸边的千古圣人

望岳

（唐）杜甫

岱宗夫如何？齐鲁青未了。
造化钟神秀，阴阳割昏晓。
荡胸生曾云，决眦入归鸟。
会当凌绝顶，一览众山小。

东岳泰山

　　泰山，被誉为"五岳之首"，位于我的下游右岸，是山东丘陵中最高大的山脉，主峰玉皇顶海拔 1545 米，气势雄伟磅礴，有"天下第一山"之称。泰山是世界自然与文化遗产。游泰山，可以看到四个奇观：泰山日出、云海玉盘、晚霞夕照、黄河金带。

曲阜三孔

　　"千年礼乐归东鲁，万古衣冠拜素王。""素王"就是大家熟悉的孔子，世界上最伟大的哲学家之一，中国儒家学派的创始人。曲阜三孔——孔庙、孔府、孔林，是中国历代纪念孔子、推崇儒学的标志性地方。汉代司马迁为了写《史记·孔子世家》，曾经亲访曲阜，参观供奉孔子的庙堂里的车服礼器。

定陶

定陶古称"陶"，又名陶丘，是一座历史悠久的古城。早在4000多年前的新石器时代，人类就在这里渔猎耕种，繁衍生息。自春秋至西汉800多年间，这里一直是中原地区的水陆交通要道和古代重要都会，有"天下之中"的美誉。范蠡助越灭吴后，在这里定居经商。

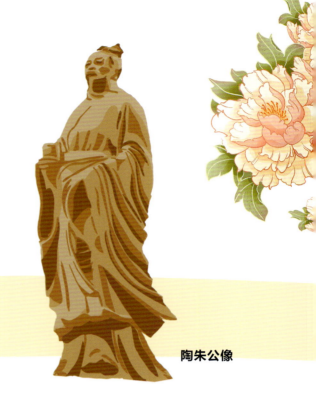

陶朱公像

水泊梁山

在我的东南岸，是大名鼎鼎的水泊梁山，中国四大古典名著之一《水浒传》故事发源地，是全国首批命名的武术之乡，境内有梁山、凤凰山、小安山、独山等。我自西北过境，梁济运河贯穿南北，东部紧靠东平湖。梁山县可谓是山湖相映、两河纵横，地理位置独特。梁山港于2021年4月9日正式通航。

菏泽市

菏泽市是我在山东省境内流经的第一个地级市。因南有"菏山"，北有"雷泽"，名为菏泽。

菏泽被称为"中国牡丹之都"，曹州牡丹园是目前世界上品种最多、面积最大的牡丹主题公园。菏泽历史文化悠久，有多项国家级、省级非物质文化遗产，其中曹州面人、曹县木雕深受人们喜爱。

曹州面人

曹县木雕

高高土台子上的家园

戴村坝

东平湖

东平湖是我下游的唯一重要滞洪区，因"襟三水而带五湖，控汶运而引江河"的优越地利和丰厚悠久的水浒文化，成为防洪关键区、黄长汶枢纽、供水调配空间、经济发展引擎和文化传承基地。

赵王河古称灉（yōng）水，是鲁西南一条著名河流，冀鲁豫边区革命纪念馆就位于菏泽市城区赵王河畔。

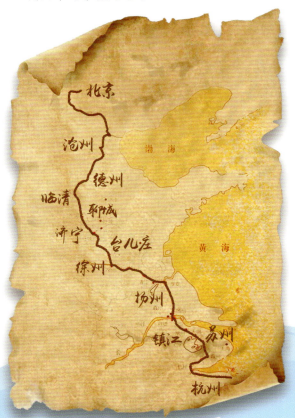

隋炀帝与京杭大运河

京杭大运河

在聊城市阳谷县境内，京杭大运河和我相遇并交融在一起，由于这段河槽由宽变窄，使得我的河床变化最为频繁。

京杭大运河是历史上沟通南北的经济大动脉，自北京经天津再向东南，过泰山之侧、微山湖畔、太湖之滨至杭州，沟通了海河、黄河、淮河、长江和钱塘江五大水系，把中国最富庶的江南与政治中心北京连接起来。京杭大运河是世界上里程最长、工程最大的古代运河，也是最古老的运河之一，与长城、坎儿井并称"中国古代的三大伟大工程"。

富贵不能淫，
贫贱不能移，
威武不能屈。

生于忧患，
死于安乐。

孟子故里——邹城

山东被称为齐鲁大地、孔孟之乡，邹城是"亚圣"孟子的故里。邹城历史悠久，春秋时期为邹国国都，同鲁国并称为"邹鲁圣地"。邹城是国家级历史文化名城、新兴能源工业基地、全国十佳投资创业城市等，白马河与京杭大运河相连，水上运输可直达江浙沪一带。

孟子

艾山卡口

聊城市东阿县城东的艾山卡口是我下游河床最窄的地方。艾山与对面的外山形成一个天然的卡口，奔流湍急的河水被挤在狭窄的河床内咆哮、怒吼、奔腾。

大汶口文化遗址

大汶河是我在山东省境内的重要支流，大汶口文化遗址位于泰安城南的大汶河畔，1959年首次被发现并挖掘，为距今四五千年的新石器时代晚期父系氏族遗址。大汶口出土的文物有造型美观的背壶、钵形鼎、镂孔豆、高柄杯、彩陶豆，以及磨制精细的石斧、石铲、骨器等。

最温暖的"花"——棉花

鲁锦

鲁锦是一种独有的纯棉手工提花纺织品，具有浓郁的乡土气息和鲜明的地方特色。它有着悠久的织造历史、复杂的织造技艺和绚丽的艺术图案，被列入国家级非物质文化遗产名录。

夏津黄河故道森林公园

在我的下游，有大片大片的土地，它们有一个共同的名字——黄河故道，那是我曾经来过的地方。位于德州市夏津县东北部的夏津黄河故道就是其中一处。如今，这里已建成国家森林公园，由古桑林片区、古梨林片区和槐林片区组成。

山东的红旗渠
——平阴"1030 工程"

北辛文化因以滕州市官桥镇北辛遗址最为典型而定名。现发掘的遗址有滕州北辛、兖州王因和西桑园、汶上东贾柏村、泰安大汶口等 10 余处。

引黄济青工程

引黄济青工程从滨州市博兴县打渔张向东南，经宋庄泵站、王耨泵站、亭口泵站、棘洪滩水库、输水管道，达青岛市河东水厂，输水路线全长 291 公里，被誉为"黄金之渠"。

鲁菜

山东是全国四大菜系之一的鲁菜发源地，经典菜品有糖醋黄河鲤鱼、一品豆腐、葱烧海参、奶汤蒲菜、九转大肠等。山东特色小吃有油旋、甜沫、水煎包、玫瑰丸子等，是一个名副其实的美食之乡啊！

一品豆腐

一城山色半城湖——济南市

"四面荷花三面柳，一城山色半城湖"。济南是我流经的第四个省会城市，也是最后一个省会城市，我在济南段以地上悬河的形式存在。

济南北靠京津冀，南连长三角，地处黄河生态走廊与京沪经济动脉、黄河文化纽带与中华文化枢轴的交汇点位置，区位优势显著。济南有4500年的历史，是龙山文化发祥地之一，名胜古迹众多，历史文化名人举不胜举。济南被誉为"泉城"，有趵突泉、黑虎泉等"七十二名泉"。

天下第一泉风景区

这里是济南

天下第一泉风景区由护城河、大明湖、趵突泉、黑虎泉、五龙潭、趵突泉公园等"一河、一湖、三泉、四园"组成，是集独特的自然山水景观和深厚的历史文化底蕴于一体的旅游景区，是国家5A级旅游景区、国家重点公园、国家级风景名胜区等。

解放阁

济南灵岩寺

　　长清在我的右岸，是我流经省会济南的第二站。长清历史悠久，春秋战国时属齐国，东依泰山，主要景区有灵岩寺、五峰山、齐长城、园博园等。其中，灵岩寺最负盛名。寺院内有规模宏大的古建筑群、高耸入云的辟支塔、宋代彩色泥塑罗汉像、规模壮观的墓塔林等，佛教底蕴丰厚，与浙江国清寺、南京栖霞寺、湖北玉泉寺并称"海内四大名刹"。

辟支塔

万里黄河第一隧——济南黄河隧道

你知道吗，被誉为"万里黄河第一隧"的济南黄河隧道开通了！济南黄河隧道又称济泺路隧道，是当时国内在建的最大直径的盾构隧道，也是黄河上第一条公路地铁合建的隧道。隧道南起泺口南路，北至鹊山水库，开启黄河天堑由水上跨越到水下穿越的新时代。

济南百里黄河风景区

济南百里黄河风景区紧邻济南市城区北部，是生态型文化主题园林。景区建有"黄河母亲"主题雕塑，黄河楼，春秋齐鲁两国会盟台——泺上台，治黄方略石刻等景观。漫步景区，你会为被誉为中国"水上长城"的黄河堤防等工程景观而感到震撼，会为有"悬河"之称的黄河主干道而惊叹，还会为黄河两岸的山水胜景而陶醉。

黄河凌汛

受西北风影响，许多河段在冬季都要结冰封河。每年初春开河时，在宁夏回族自治区石嘴山到内蒙古自治区双河村，下游花园口至入海口两个河段会形成冰凌洪水，称为凌汛。因凌汛决堤而泛滥成灾的事，在1949年以前几乎年年发生，给沿河人民的生命财产造成严重损失。

如今，随着人们对黄河冰凌危害的防范越来越重视，技术手段越来越先进，我带来的只有壮观的美景。

济南泺口浮桥

在我长达万里的河道上，已建起无数座现代化大桥，但还有一种建造历史悠久的桥梁——黄河浮桥，天天和我亲密接触。济南泺口浮桥是山东境内第一座黄河浮桥，始建于1986年。站在桥上，向西可以欣赏现代化的建邦黄河大桥和长河落日，向东可以欣赏雄伟的黄河铁路大桥，还可以欣赏鹊山和华山的美景。

吕剧：山东最具代表性的地方剧种，国家级非物质文化遗产

济南第一浮桥
——泺口黄河浮桥

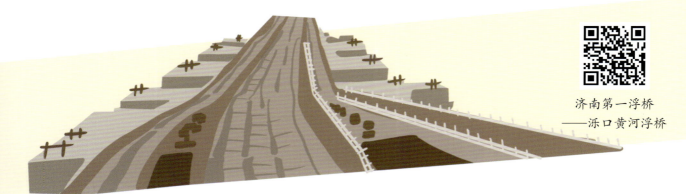

龙山文化遗址

1928年，龙山文化遗址因首次发现于济南市章丘区龙山镇的城子崖而得名。龙山文化是新石器时代晚期最有影响的文化，源自大汶口文化。龙山文化以薄、硬、光、黑的陶器，尤其是蛋壳黑陶最具特色，因此也被称为"黑陶文化"。

陶器：
划时代的发明创造

蛋壳陶

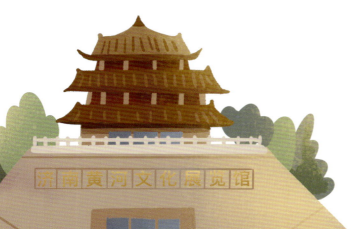

在济南百里黄河风景区，有一处重要的人文景观——济南黄河文化展览馆。展览馆位于黄河大坝上，是济南宣传黄河文化的基地和爱国主义教育基地。

济南凤凰黄河大桥

鹊华秋色景观

元代著名书画家赵孟頫在济南任职三年，不仅留下了脍炙人口的诗歌名篇《咏趵突泉》，还绘出了名垂千古的《鹊华秋色图》，鹊山和华山就是画里的两位"主角"。

鹊山没有主峰，远望如翠屏。华山又名华不注山，为历史文化名山，以奇秀著称，现已建成华山省级地质公园。两山隔黄河相望，还是著名景观"齐烟九点"中的"两点"，山河一体，美不胜收。

花鞭鼓舞

鼓子秧歌和花鞭鼓舞

　　鼓子秧歌是济南古老的传统民间舞蹈，分布在商河地区，是山东三大秧歌之一。鼓子·秧歌队伍庞大，有伞头、鼓子、棒槌、腊花、丑角五种角色，舞技健美，气势磅礴，深受人们的喜爱。

　　花鞭鼓舞是国家级非物质文化遗产，流传于商河一带。舞者在表演时身背腰鼓，双手各持一尺长的花鞭，鞭头用牛皮结成疙瘩，双鞭同时挥舞，打出各种花点，发出战马奔腾的声音。

黄河刀鱼：麦稍黄，刀鱼长

黄河大米

　　"一条大河波浪宽，风吹稻花香两岸……"勤劳智慧的齐鲁人民在黄河水润泽的黄土地上辛勤耕耘，种下了水稻、冬小麦、大豆、玉米、棉花等农作物，尤其以黄河大米最为知名。

古代的五谷是哪五谷

李清照故里——章丘

章丘位于济南市东部，区内有久负盛名的百脉泉泉群。千古才女、一代婉约词宗李清照就出生在这里。"常记溪亭日暮，沉醉不知归路。兴尽晚回舟，误入藕花深处。争渡，争渡，惊起一滩鸥鹭。"李清照的名作《如梦令》，据说取材于百脉泉。为纪念一代婉约词宗，龙泉寺北修建了文化气息浓郁的清照园。

滨州市

滨州市历史文化悠久，是黄河文化和齐文化的发祥地之一，是渤海革命老区中心区。古代军事思想家孙武、政治家范仲淹等历史文化名人在这里出生或任职。特色物产有阳信鸭梨、邹平长山山药等。

稷下学宫：
世界上最早的官办高等学府

齐国故都——淄博

淄博市是齐文化发祥地，还是发现使用陶器最早的地区之一。中国历史上第一本手工业专著《考工记》、最早阐述服务业的专著《管子》，都是在这片土地上写成的。临淄因最早兴起蹴鞠运动被国际足联认定为世界足球起源地。

东营市

这是一座年轻又古老的城市，胜利油田就崛起于此地。东营市是黄河三角洲的中心城市。

黄河口野生柽柳林

她是黄河流域生命力特别顽强的植物，被称为"木中之圣"。她有许多名字，大名叫"柽（chēng）柳"，也叫"红柳"，以乔木或者灌木的形态出现，姿态婆娑，一年开三次花，开花时灿烂如红蓼，美得让人惊艳。在黄河口，到处可见柽柳的身影，更有罕见的天然柽柳林景观。

黄河生态湿地公园

在我流经的许多地方，人们因地制宜，建造了数量众多的黄河生态湿地公园和保护区，仅黄河山东段就有东明黄河国家湿地公园、山东黄河玫瑰湖国家湿地公园、济西国家湿地公园、黄河岛国家湿地公园等大型国家级湿地公园。

黄河入海口——东营市垦利区是著名的红色革命老区。1941 年，八路军山东纵队教导三旅进驻当时的垦区，建立了垦利抗日根据地。老一辈革命家许世友、杨国夫都曾在这片土地上战斗过。垦利区广大军民为抗日战争和解放战争的胜利做出了重要贡献。

黄河三角洲

我在汇入渤海处创造了共和国最年轻的土地，一个景色秀美、风光旖旎的景区，那就是著名的黄河三角洲，中国最大的三角洲平原。

黄河三角洲国家级自然保护区是中国六大最美湿地之一，这里有国内罕见的天然柽柳林，更是东方白鹳等众多珍稀动物集聚的乐园。这里集自然景观与人文景观于一体，是人们休闲、度假、观光的最佳场所。

黄河入海口的故事

黄河入海口

　　大诗人李白吟道："黄河落天走东海，万里写入胸怀间。""黄河之水天上来，奔流到海不复回。"我从雪域高原而来，裂壁吞沙，穿山过塬，纵横九个省（自治区），在东营市垦利区黄河口镇奔流入渤海。如果秋季十月到入海口，人们可以在广阔的海面上看到一条黄蓝交汇带，蜿蜒如长龙，那便是我和大海的相遇相拥⋯⋯

一条大河就是一首雄壮的颂歌
一条大河就是一部恢宏的史诗
我是一条有故事的河
更是一条孕育文明的河
我是一条波澜壮阔的自然之河
也是一条源远流长的文化之河

诗朗诵